Bibliografische Information der Deutschen Nationalbibliothek:

Die Deutsche Bibliothek verzeichnet diese Publikation in der Deutschen National-
bibliografie; detaillierte bibliografische Daten sind im Internet über http://dnb.d-
nb.de/ abrufbar.

Impressum:

Copyright © 2014 GRIN Verlag, Open Publishing GmbH
Druck und Bindung: Books on Demand GmbH, Norderstedt Germany
ISBN: 9783656822561

Dieses Buch bei GRIN:

http://www.grin.com/de/e-book/281288/risikominimierung-im-it-outsourcing-
massnahmen-unter-beruecksichtigung

Nils Zakierski

Risikominimierung im IT-Outsourcing. Maßnahmen unter Berücksichtigung regulatorischer Vorgaben

GRIN Verlag

GRIN - Your knowledge has value

Der GRIN Verlag publiziert seit 1998 wissenschaftliche Arbeiten von Studenten, Hochschullehrern und anderen Akademikern als eBook und gedrucktes Buch. Die Verlagswebsite www.grin.com ist die ideale Plattform zur Veröffentlichung von Hausarbeiten, Abschlussarbeiten, wissenschaftlichen Aufsätzen, Dissertationen und Fachbüchern.

IT-Outsourcing: Nutzen und Maßnahmen zur Risikominimierung unter Berücksichtigung regulatorischer Vorgaben

Bachelorarbeit

Inhaltsverzeichnis

Abbildungsverzeichnis

Tabellenverzeichnis

1   Einleitung

Diese Bachelorarbeit behandelt das Thema IT-Outsourcing unter besonderer Berücksichtigung der IT-Compliance und deren Nutzen. Ziel ist es, auftretende Risiken zu identifizieren sowie Wege zu deren Minimierung aufzuzeigen.

1.1   Motivation

Kostendruck und Umstrukturierungen haben unter anderem in den letzten Jahren die Zunahme von IT-Outsourcing beschleunigt (Abu-Musa 2011, Fitoussi/Gurbaxani 2012, Flecker 2009). Auch dadurch erfolgte ein Wandel beziehungsweise eine Anpassung der regulatorischen Vorgaben hinsichtlich des IT-Outsourcings, welches eine Auslagerung der IT darstellt (Heym/Seeburg 2012). Die fortlaufenden Änderungen und die sich daraus entwickelnden Anforderungen haben der IT-Compliance eine steigende Bedeutung verschafft (Mossanen/Amberg 2008). Jedoch treten durch die immer komplexer werdenden Anforderungen an die IT-Compliance durch den Gesetzgeber auch Risiken bezüglich der Anforderungsübereinstimmung mit der Einhaltung solcher Normen und Regulativen auf (Bachlechner et al. 2014). Einerseits können Anforderungen interferieren und andererseits bestehen Risiken hinsichtlich der Missachtung von Anforderungen. Verträge, SLAs, unternehmensexterne und -interne Regelwerke sind Beispiele für IT-Compliance Vorgaben und müssen von den Unternehmen beachtet, beziehungsweise umgesetzt werden (Klotz/Dorn 2008, Strasser/Wittek 2011).

IT-Compliance Standards, welche zu den unternehmensexternen Regelwerken zählen, versprechen Hilfestellungen zur Eindämmung von IT-Outsourcing Risiken zu bieten (Chou/Chou 2009). Außerdem sollen sie dazu beitragen, branchen- beziehungsweise wirtschaftsweite rechtliche Vorgaben standardisiert umzusetzen. Dabei werden vor allem die weit verbreiteten IT-Compliance Standards wie COBIT und COSO genutzt, aber auch die durch Wirtschaftsprüfer verwendeten Standards IDW PS 951 oder ISAE 3402 (Gaskin 2009). Wobei letztere noch zusätzlich die Möglichkeit der Zertifizierung beinhalten.

Durch die Auslagerung von Services an Dienstleister entstehen für das Unternehmen weitere Risiken (Aundhe/Mathew 2009). Eine zu große Abhängigkeit, kulturelle Schwierigkeiten, Sicherheit der übertragenen Daten oder auch ein Wissensverlust sind nur einige Exempel für Risiken, die in dieser Bachelorarbeit dargestellt und analysiert werden.

Im Zusammenhang mit IT-Compliance und den Risiken im IT-Outsourcing ist der Profitabilitätsgedanke natürlich nicht nachrangig, sodass vor allem Nutzenbetrachtungen für Unternehmen von großer Bedeutung sind. Dies ergibt sich aus der Tatsache, dass Offshoring oder IT-

Outsourcing generell als kostengünstige Varianten der IT-Beschaffung wahrgenommen werden und sich das auslagernde Unternehmen durch seine Outsourcing Strategie einen Nutzengewinn erhofft (Chang/Gurbaxani 2012). Dies ist jedoch auch Grund für die Minimierung von IT-Outsourcing-Risiken. Im Zusammenhang mit regulatorischen Vorgaben wird dieser Vorgang im Laufe dieser Arbeit analysiert, um zu zeigen welche Rolle IT-Compliance im IT-Outsourcing spielt und wie IT-Compliance nutzenbringend angewandt werden kann, damit IT-Outsourcing erfolgreich für das Unternehmen angewendet wird.

1.2 Problemstellung

Outsourcing als eine Möglichkeit für die Unternehmen, Restrukturierungen durchzuführen bietet viele Chancen, jedoch ergeben sich für das outsourcende Unternehmen ebenfalls verschiedene Probleme. Diese hängen häufig mit rechtlichen Vorgaben, die das Unternehmen erfüllen muss, zusammen. Beispielsweise ist relevant, wie eine Befolgung rechtlicher Vorgaben durch den zur Durchführung der ausgelagerten Tätigkeit ausgewählten Service Provider gesichert werden kann. Daraus ergeben sich weitere Fragen, zum Beispiel welcher IT-Compliance-Standard in Übereinstimmung mit dem Service-Dienstleister verwendet wird. Hierbei relevante interne Audits, Überprüfungen von Prozessen mit Hilfe von Kontrollen und Richtlinien, müssen im IT-Outsourcing-Vertrag genannt bzw. in rechtlicher Übereinstimmung durchgeführt werden (IDW PS 951, ISAE 3402). Es stellt sich die Frage, welche Risiken die outsourcenden Unternehmen eingehen, wie diese vermieden werden können, und welcher Nutzengewinn durch das IT-Outsourcing erlangt wird. Dies wird anhand verschiedener Forschungsfragen erörtert werden. In Kapitel 2 wird die Frage, was die Begriffe IT-Compliance, IT-Sourcing und IT-Outsourcing bedeuten, erläutert. Es folgt in Kapitel 3 die Frage, welche regulatorischen Vorgaben Unternehmen beim IT-Outsourcing beachten und umsetzten müssen. Dabei ist auch relevant, inwieweit IT-Outsourcing über verschiedene Unternehmen hinweg in der Durchführung standardisiert werden kann. Kapitel 4 soll beantworten, welche Risiken für Unternehmen beim IT-Outsourcing bestehen bzw. entstehen und wie man diese Risiken kategorisieren kann. Schließlich stellt sich die Frage der Minimierung dieser Risiken und ob hierbei die Umsetzung der IT-Compliance Vorgaben von Nutzen ist.

1.3 Gliederung

Nach der Einführung in das IT-Outsourcing in Kapitel 1 erfolgt eine Darstellung der relevanten Grundlagen in Kapitel 2, wobei eine Einordnung des IT-Outsourcings in den Kontext erfolgt. In Kapitel 3 werden die rechtlichen Vorgaben und IT-Compliance Standards hinsichtlich ihrer Anwendung im Bereich IT-Outsourcing analysiert. Kapitel 4 handelt von der Analyse der Risiken und der Betrachtung von Vor- und Nachteilen des IT-Outsourcings. Es folgt die Betrachtung der Minimierung dieser Risiken, hierbei werden insbesondere die Kongruenz mit den regulatorischen Vorgaben überprüft. Am Ende wird ein Fazit gezogen und die wichtigsten Erkenntnisse zusammengefasst sowie Möglichkeiten der weiteren Forschung aufgezeigt.

2   Grundlagen und Einordnung

Dieses Kapitel gibt einen Überblick über die Grundlagen von IT-Sourcing, IT-Outsourcing und IT-Compliance und ordnet die Begriffe in den jeweiligen thematischen Kontext ein.

2.1   IT-Sourcing

Informationstechnologie stellt heutzutage einen integralen Bestandteil der Firmenaktivität dar und trägt zum Funktionieren der Kernkompetenzen bei (Mohapatra/Das 2013). Dennoch wurde diese in der ersten bekannten vertraglichen Outsourcing Partnerschaft zwischen der Kodak Eastman Company und IBM von 1989 (Qi/Chau 2012) ausgelagert. Seit der ersten Auslagerung hat sich der Prozess nicht nur verändert, sondern wurde auch definitorisch in den wissenschaftlichen Quellen überarbeitet (BITKOM 2008).

IT-Sourcing stellt den Oberbegriff des IT-Outsourcings dar. Die IT-Auslagerung ist also eine Strategieoption des Sourcings. Im Folgenden findet diese Definition für IT-Sourcing Verwendung:

„obtaining IT services through a specific and formal organizational arrangement for the purpose of production and delivery of IT services as well as the management of the necessary resources and activities“ (Jayatilaka/Hirschheim 2009)

IT-Sourcing beschreibt die durch eine angepasste formale Gestaltung durchgeführte Beschaffung der IT-Dienstleistungen mit dem Ziel der Produktion. Außerdem die Erbringung von IT-Dienstleistungen im Zusammenhang mit dem Management der notwendigen Aktivitäten und Betriebsmittel.

„Outsourcing", das englische Wort für Ausgliederung, wird im Folgenden lediglich im Kontext der IT verwendet. Es beschreibt das Auslagern eines IT-Services. Diese Arbeitsleistung wurde zuvor intern durchgeführt und wird nun von einem IT-Service-Dienstleister übernommen (Gurbaxani 2007, Han/Mithas 2013). Das IT-Sourcing beinhaltet verschiedene Beschaffungsmethoden, wie beispielsweise das IT-Outsourcing. Hierbei erfolgen Differenzierungen unter anderem nach Standort, der finanziellen Abhängigkeit und dem Grad des externen Leistungsbezugs (siehe Abbildung 1).

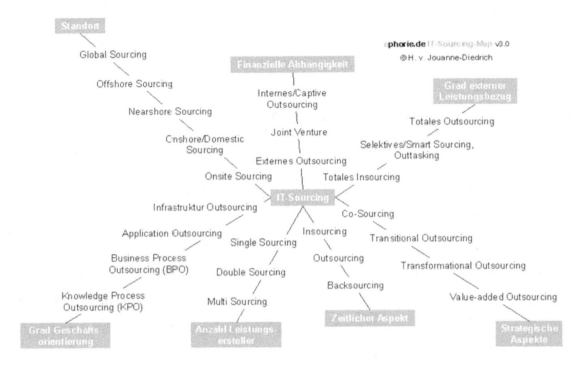

Abbildung 1: IT-Sourcing Map (Jouanne-Diedrich 2014)

Weitere Unterscheidungen erfolgen mittels dem Grad der Geschäftsorientierung, der Anzahl der Leistungsersteller, dem zeitlichen Aspekt sowie strategische Aspekte. Der Standort beschreibt, wo die Leistungserstellung erfolgt. Wie der Service-Dienstleister mit dem outsourcenden Unternehmen verbunden ist, wird durch die finanzielle Abhängigkeit dargestellt. Der Umfang des Outsourcings, totale, selektive oder keine Auslagerung wird durch den Grad des externen Leistungsbezugs benannt. Hierbei wird weiter differenziert nach dem Grad der Geschäftsorientierung. Diese beschreibt die Leistungsform des IT-Sourcings, also beispielsweise das Auslagern von Business Prozessen oder Applikationen. Die Leistungserstellung muss nicht nur durch einen Service-Dienstleister durchgeführt werden, sondern kann auch von mehreren realisiert werden. Der zeitliche Aspekt, beispielsweise, dass Outsourcing rückgängig gemacht wird - „Backsourcing" genannt - ist eine weitere Unterteilung. Die strategischen Aspekte schließen die Unterteilung ab, hierbei wird das Ziel des Sourcings definiert. Jedes gewinnorientierte Unternehmen wählt aus den möglichen Varianten die für sich vorteilhafte Art des IT-Sourcings (Chang/Gurbaxani 2012). Ausführlicher eingegangen wird in dieser Arbeit auf den zeitlichen Aspekt. Hierbei insbesondere auf das IT-Backsourcing als Risikofaktor und dem IT-Outsourcing im Zusammenhang mit Nutzen und Risiken.

2.2 IT-Outsourcing

Die Entscheidung einer Durchführung von IT-Outsourcing wird auf Grund von Abwägungen individuell von jedem Unternehmen getroffen. Einflussfaktoren auf diese Entscheidung sind unter anderem:

1. Kostenreduktion

2. Konzentration auf Kernkompetenzen

3. Qualitätsverbesserung des ausgelagerten Services/ Anwendung neuer Technologien

(Ali/Green 2009, Chang/Gurbaxani 2012, Mohapatra/Das 2013, Pujals 2005, Xi et al. 2013) Die Kostenreduktion, als einer der bekanntesten Einflussfaktoren, ergibt sich aus der Überlegung, dass Service-Dienstleister davon profitieren nur eine Art von Service durchzuführen. Es entstehen dadurch Verbundeffekte („economies of scope"). Diesen Vorteil kann nicht von dem outsourcenden Unternehmen direkt genutzt werden, da dieses andere Kernkompetenzen hat. Die Konzentration auf diese verspricht Produktionsverbesserungen auf Grund zusätzlicher Ressourcen (Peslak 2012). Das auslagernde Unternehmen hat ebenfalls den Vorteil, durch einen Outsourcingvertrag die Kosten für die IT besser planen zu können (Bergkvist/Johansson 2007, Dhar 2012, Jayatilaka/Hirschheim 2009). Die durch den Vertrag eingekaufte externe Expertise stellt eine weitere Motivation für das Outsourcing dar. Die Unternehmen erwarten hierbei eine Qualitätsverbesserung des jeweiligen Services (Bergkvist/Johansson 2007). Außerdem können möglicherweise auch neuere Technologien schneller implementiert werden, da Investitionen in Nicht-Kernkompetenzen meist zu wenig Erfolg versprechen (Pujals 2005). Hierbei werden Investitionen durch den Service Provider eher durchgeführt. Dies hängt damit zusammen, dass der Service-Dienstleister seine Kernkompetenzen auf dem Feld des ausgelagerten Services besitzt. Bei den in dieser Arbeit betrachteten Unternehmen ist dies die IT, bei welcher zum Beispiel Investitionen im Bereich Hard- und Software regelmäßig von Vorteil sein können (Schäfer et al. 2008). Hierbei hat der Service Provider auch die Möglichkeit mehr Investitionen auf Grund von Mengenrabatten im Bereich Soft- und Hardware durchzuführen (Wang et al. 2008).

Der Outsourcing-Prozess gliedert sich in verschiedene Phasen, welche auch als Outsourcing Value Chain bezeichnet werden (Bi 2007):

1. Alignment
2. Feasibility
3. Transaction

4. Transition

5. Optimization/Transformation

6. Termination/Renegotiation

Die Alignment-Phase beschreibt den Zeitraum, in welchem die Outsourcing-Strategie mit der Unternehmensstrategie abgestimmt wird (Bi 2007). Hierbei wird die Durchführbarkeit („Feasibility") anschließend geprüft und somit relevante Personenkreise und Daten für die Transaktion vorbereitet (Holweg/Pil 2012). Die Transaction Phase oder auch Transaktion beinhaltet den Vertragsabschluss und außerdem die Vorbereitung zur Übertragung der Daten und des relevanten Wissens. Der Wechsel der Daten erfolgt schließlich in der Transition-Phase, zu deutsch Übergang. Diese Phase ist geprägt von den größten Risiken hinsichtlich zusätzlicher Kosten für Ausfälle und oder Unterbrechungen des Service (Bahli/Rivard 2003). Nach der Übernahme der IT durch den Service Provider erfolgt die Transformation und Optimierungsphase, in welcher der Dienstleister seine eigenen Fähigkeiten mit einbringt und den Service verändert. Dazu ist als Voraussetzung eine abgeschlossene Transition Phase notwendig. Das heißt, dass der Service sich in seiner „Alltags-Situation" befindet. Die abschließende Phase der Termination und Renegotiation beinhaltet ein Ende oder Neuanfang der Outsourcing-Partnerschaft, in welcher abhängig nach Nicht- bzw. Zustandekommen eines Vertrages eine eigene Durchführung (Backsourcing) erfolgt oder ein neuerlicher Übertrag des Services an einen anderen Dienstleister. Natürlich kann auch eine Verlängerung des Vertrages stattfinden. Für die spätere Risikobetrachtung ist eine weitere Form des IT-Outsourcings relevant, das IT-Offshoring, dieses beschreibt ein IT-Outsourcing, welches international erfolgt und auf Grund der Internationalität besonders risikoreich ist (King/Torkzadeh 2008).

2.3 IT-Compliance

IT-Compliance ist Bestandteil der Corporate-Compliance (Klotz/Dorn 2008). Wobei letztgenannte definiert ist, als regelkonformes Unternehmenshandeln, im speziellen Einhaltung von Normen, Standards und Gesetzen (Teubner/Feller 2008). IT-Compliance beschreibt ebenfalls die Einhaltung von Gesetzen, Richtlinien und Bestimmungen jedoch bei Verwendung von IT, es werden hierbei ebenfalls die innerbetrieblichen Vorgaben berücksichtigt (Mossanen/Amberg 2008). Die einzuhaltenden Direktiven gliedern sich, wie bei Klotz/Dorn und Strasser/Wittek beschrieben, in vier verschiedene Kategorien (Klotz/Dorn 2008, Strasser/Wittek 2011). Regulatorische Vorgaben, welche von staatlichen Einrichtungen erlassen werden, sind die erste Kategorie. Wobei das bekannteste Beispiel der Sarbanes-Oxley Act ist.

Eine weitere Gruppe von Direktiven sind unternehmensexterne, auf IT bezogene Regelwerke. Hierbei handelt es sich um IT-Compliance Standards, wie zum Beispiel COBIT oder COSO.

Im Zusammenhang mit IT-Outsourcing kommt den Verträgen und Service Level Agreements eine besonders relevante Rolle zu (Heym/Seeburg 2012). Es stellt ebenfalls die dritte Gruppierung dar. Unternehmensinterne Regelwerke und somit die Verfahrensanweisungen für Mitarbeiter sind als letzte Untergliederung festgelegt. Eine IT-Compliance ist somit ein Zustand, der nur durch eine Prüfung bestätigt werden kann (Klotz/Dorn 2008). Diese Prüfungen erfolgen im Hinblick auf die genannten Direktiven.

3 Relevante rechtliche Vorgaben und IT-Compliance Standards

In diesem Kapitel werden relevante Direktiven für das IT-Outsourcing vorgestellt und analysiert. Die Unterteilung der IT-Compliance erfolgt in die vier Kategorien Regulatorische Vorgaben, IT-Compliance-Standards, Verträge und SLAs sowie unternehmensinterne Regelwerke (Klotz/Dorn 2008, Strasser/Wittek 2011).

3.1 Regulatorische Vorgaben

Regulatorische Vorgaben, Rechtsnormen und Verordnungen sind Direktiven, welche von staatlichen Institutionen erlassen werden (Klotz/Dorn 2008). Diese werden bei Nichtbefolgung mit monetären, teilweise jedoch auch mit Haftstrafen für die jeweiligen Vorstände geahndet (Knolmayer 2008).

Die für das IT-Outsourcing relevanten regulatorischen Vorgaben sind abhängig von dem jeweiligen Land, in welchem sich der Unternehmenssitz des outsourcenden Unternehmens befindet. Außerdem ist der Standort des Service-Dienstleisters relevant für die rechtlichen Vorgaben. Wenn sich beide Standorte unterscheiden muss das geltende Recht für die Beziehung im Vertrag festgelegt werden. Im Folgenden werden einige regulatorische Vorgaben für deutsche Unternehmen vorgestellt:

Das Gesetz zur Kontrolle und Transparenz im Unternehmensbereich, kurz KonTraG, beinhaltet als für das IT-Outsourcing relevanten Punkt die Pflicht zur Einrichtung eines Überwachungssystems für Unternehmen (§91 Abs. 2 AktG). Konkret ist ein Überwachungssystem in diesem Kontext ein Risikofrühwarnsystem, welches ebenfalls dokumentiert werden muss. Weiterhin müssen Service-Dienstleister durch das outsourcende Unternehmen beziehungsweise externe Fachkräfte überprüfbar sein (Mossanen/Amberg 2008). Dies ist auch eine Anforderung des Sarbanes-Oxley Acts of 2002, kurz SOX. In Bezug auf mögliche Prüfungen

liegt die Verantwortung beim auslagernden Unternehmen (Hall/Liedtka 2007). Einige deutsche Unternehmen sind Dienstleister von Unternehmen, die an US-Börsen notiert sind. Somit
ergibt sich eine indirekte Abhängigkeit von SOX. Diese spiegelt sich in Zertifizierungsanfor-
derungen wieder. Eine direkte Abhängigkeit entsteht für an US-Börsen gelistete deutsche Unternehmen (BITKOM 2006). Diese tragen die Verantwortung für deren ausgelagerte Dienst-
leistungen.

Der Datenschutz im Hinblick auf diese ausgelagerten IT-Dienstleistungen ist im Bundesdatenschutzgesetz verankert. Dies ist besonders für den Finanzdienstleistungssektor von essenti-
eller Bedeutung. Da bei der IT-Auslagerung in Banken regelmäßig personenbezogene Daten
übertragen werden, ist hierbei § 4 Abs. 1 BDSG zu beachten. Dieser besagt, dass personenbezogene Daten nur innerhalb des europäischen Wirtschaftsraumes an Dritte weitergegeben
werden dürfen (§4 Abs. 1 BDSG). Eine Ausnahme besteht, wenn ein angemessenes Daten-
schutzniveau in dem jeweiligen Land besteht, dieses gilt jedoch nur bei sehr wenigen Ländern
(Baker 2005). Beispiele hierfür sind: Kanada, Guernsey und Argentinien. Generell gilt, dass
die Verantwortung des Datenschutzes auf den Service-Dienstleister übergeht, wenn dieser die
Daten erhält (Mossanen/Amberg 2008). Dies wird als Funktionsübertragung bezeichnet
(Stemmer 2010). Eine Ausnahme bildet die Auftragsdatenvereinbarung, die im BDSG §11
beschrieben wird. Hierbei beauftragt das auslagernde Unternehmen den Service-Dienstleister
mit der Verarbeitung personenbezogener Daten und bleibt selbst datenschutzrechtlich verantwortlich, indem es beispielsweise Kontrollen durchführt (Stemmer 2010).

Grundlage weiterer Gesetze, vor allem auf europäischer Ebene, sind die Eigenkapitalvor-
schriften des Baseler Ausschusses für Bankenaufsicht und deren Reformpaket des Baseler
Ausschusses der Bank für Internationalen Zahlungsausgleich. In nationale Gesetzen angewendet ist Basel III, das Reformpaket von 2010, welches durch die EU-Richtlinien Capital
Requirements Directive IV und Capital Requirement Regulation verpflichtend umzusetzen ist
(BaFin 2014). Diese Richtlinien sind Bestandteil des Gesetzes über das Kreditwesen, in diesem Zusammenhang ist §25b KWG seit 01. Januar 2014 relevant für Auslagerungsprozesse
und Auslagerungsaktivitäten. Zentrale Aussage ist, dass die Ordnungsmäßigkeit der Geschäf-
te durch die Auslagerung nicht beeinträchtigt werden darf (§25b Abs. 1 S.2 KWG).

Die Mindestanforderungen an das Risikomanagement (MaRisk), veröffentlicht durch die
Bundesanstalt für Finanzdienstleistungsaufsicht (BaFin), sind Verwaltungsvorschriften, die
§25a KWG konkretisieren und durch § 7 KWG legitimiert sind (§25aKWG, §7 KWG). Der
Allgemeine Teil 9 der MaRisk behandelt das Thema Outsourcing (MaRisk AT 9). Bei der

Outsourcing Entscheidung wird hierbei ähnlich wie in SOX und KonTraG eine Risikoanalyse verlangt (MaRisk AT 9 Rn. 2). Außerdem müssen Kontinuität und Qualität des ausgelagerten Services gewährleistet werden, besonders nach Beendigung des Auslagerungsvertrags oder auch bei Unterbrechungen (MaRisk AT 9 Rn. 5).

Die regulatorischen Vorgaben sind eher generell verfasste Vorgaben, beispielsweise die Forderung ein Überwachungssystem zu installieren. Die hierfür relevanten Konkretisierungen, welche beispielsweise die Anweisungen für die einzelnen Prozessschritte geben, um das Überwachungssystem zu installieren, sind in den IT-Compliance-Standards definiert (Müller/Terzidis 2008, Spremic et al 2013). Hiermit ergibt sich die Daseinsberechtigung diverser Standards und Best-Practices.

3.2 IT-Compliance Standards

Die unternehmensexternen auf IT bezogenen Regelwerke sind als Compliance-Nachweise zu verstehen, da sie Berichte und generell Dokumentationen beinhalten (Mossanen/Amberg 2008). Für den Anwender sind diese Best-Practice Anleitungen hinsichtlich des Erreichens einer IT-Compliance notwendig. Dies resultiert aus der großen Anzahl regulatorischer Anforderungen und dient somit einer geordneten Übersicht. Außerdem werden allgemeine Vorgaben hiermit anhand von Best-Practice konkretisiert. Es erfolgt zunächst eine Betrachtung der Zertifizierungsstandards und anschließend der Referenzmodelle.

Zertifizierungsstandards sind eine Art von IT-Compliance-Standards. Sie dienen dem in Auftrag gebenden Unternehmen als Nachweis einen Standard umgesetzt zu haben. Dies wird durch eine Zertifizierungsstelle beziehungsweise einen Wirtschaftsprüfer durchgeführt (Diesterer 2009). Die zwei in dieser Arbeit ausführlicher betrachteten Zertifizierungsstandards umfassen unter anderem den IDW PS 951 und den ISAE 3402, ehemals SAS 70 (Sherinsky 2010).

Beide Standards sind Bestandteile der Abschlussprüfung durch den Wirtschaftsprüfer. Der IDW PS 951 ist ein vom Institut der Wirtschaftsprüfer in Deutschland e.V. veröffentlichter Prüfstandard, welcher sich auf eine Prüfung des Internen Kontrollsystems (IKS) bei Auslagerung an einen Dienstleister bezieht (IDW PS 951). Das IKS ist ein System zur Vermeidung von Risiken, deshalb auch Risikofrühwarnsystem genannt. Es beinhaltet Kontrollen hinsichtlich Compliance und kann auf Basis verschiedener Standards implementiert werden (Götz et al. 2008). Die Pflicht der Einrichtung eines IKS ergibt sich aus verschiedenen regulatorischen Vorgaben, wie beispielsweise §91 Abs. 2 AktG. Der Fokus des Prüfers liegt im Zusammenhang mit dem IDW PS 951 auf der Prüfung der Beschreibung des IKS durch den Dienstleister

(IDW PS 951). Diese Beschreibung dient dem outsourcenden Unternehmen einerseits als Kontrolle für die Compliance des Dienstleisters, als auch andererseits dem Service Provider zur Überprüfung der eigenen Compliance. Außerdem ist auch die Kontrolle von Störfällen (Incidents) sowie das nachfolgende Incident Management, d.h. die Analyse und das Wiederherstellen des normalen Geschäftsbetriebs, ein Bestandteil des IDW PS 951 Berichts.

Der zweite Zertifizierungsstandard ist der International Standard on Assurance Engagements 3402 (ISAE 3402), dieser definiert ähnlich wie der IDW PS 951 die Prüfung der Kontrollen im Dienstleistungsunternehmen bei Outsourcing („Assurance Reports on Controls at a Service Organisation" Bierstaker et al. 2013). Mit der Veröffentlichung durch das International Auditing and Assurance Standards Board wurden die vorher gültigen Statements on Auditing Standards No. 70 (SAS 70) Juni 2011 abgelöst (Bierstaker et al. 2013). Der Inhalt des ISAE 3402 bezieht sich hauptsächlich auf die Prüftätigkeit hinsichtlich der Kontrollen in Verbindung mit den ausgelagerten Services (ISAE 3402). Und dabei im Speziellen mit der Verfassung eines Prüfberichts.

Im Unterschied zu den Zertifizierungsstandards werden Referenzmodelle nicht zur Prüfung verwendet, sondern bei der Anwendung beziehungsweise Umsetzung regulatorischer Vorgaben. In diesem Zusammenhang ist die bereits dargestellte Implementierung eines IKS ein Beispiel. Es erfolgt somit die Anwendung der Referenzmodelle zeitlich gesehen vor der Anwendung der Zertifizierungsstandards. Hinsichtlich des IT-Outsourcings relevant, sind die beiden Standards COBIT und COSO, die nun vorgestellt und analysiert werden. Control Objectives for Information and related technology (COBIT) ist ein IT-Compliance Standard, der durch die Information Systems Audit and Control Association (ISACA) entwickelt wurde. Momentan in der Version 5 vorliegend, ist COBIT ein Managementtool zur Implementierung, Messung und Überprüfung von IT-Compliance (Hardy 2006). Das sich in fünf einzelne Prozessgruppen unterteilende Prozessreferenzmodell, garantiert den in der Outsourcing Partnerschaft involvierten Unternehmen bei Verwendung die Übereinstimmung des IT-Prozessaufbaus (Mossanen/Amberg 2003). Die fünf Prozessgruppen, wie in Abbildung 2 dargestellt, sind: 1. Evaluieren, Vorgeben und Überwachen, 2. Anpassen, Planen und Organisieren 3. Aufbauen, Beschaffen und Implementieren, 4. Bereitstellen, Betreiben und Unterstützen, 5. Überwachen, Evaluieren und Beurteilen. Die erste Prozessgruppe stellt die Governanceprozesse dar. Governanceprozesse sind sämtliche Prozesse, die relevant für die Führung hinsichtlich der Informationstechnologie sind. Prozessgruppen zwei bis fünf hingegen beinhalten die Prozesse für das Management der Unternehmens-IT. Es werden hierbei insgesamt 37 Prozesse von COBIT in die fünf Gruppen unterteilt dargestellt.

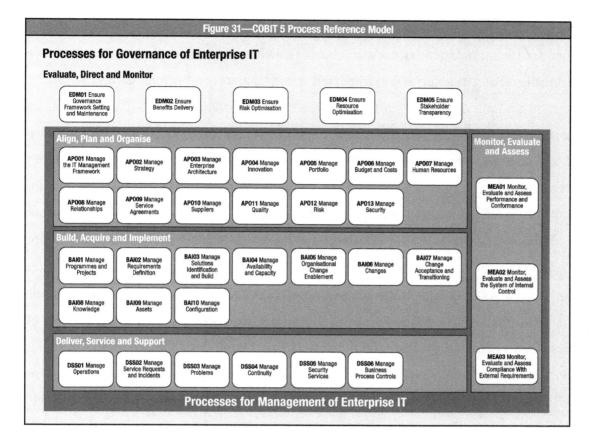

Abbildung 2: COBIT 5 Prozessreferenzmodell (ISACA 2012)

Mit der Umsetzung des COBIT Standards ist es möglich innerhalb dieser Prozesse Kontroll-ziele zu etablieren, um mit Hilfe derer IT-Compliance Vorgaben einzuhalten. Die Nutzung resultiert somit laut BITKOM in der Kongruenz der COBIT Kontrollziele mit den Prüfungs-plänen der Wirtschaftsprüfer und ermöglicht eine positive Jahresabschlussprüfung (BITKOM 2008).

Der von dem Comittee of Sponsoring Organizations of the Treadway Comission (COSO) veröffentlichte Standard "Internal Control - Integrated Framework" von 2013 gilt als führen-des Rahmenwerk hinsichtlich Interner Kontrollsysteme (Menzies/Engelmayer 2013). Den-noch findet COSO auch für Unternehmen Anwendung, welche in einer Outsourcing Partner-schaft stehen (Janvrin et al. 2012). Hierbei benennt und beschreibt COSO verschiedene Kon-trollen hinsichtlich des Outsourcingprozesses (Tackett/Wolf 2012).

3.3 Verträge und SLAs

Regulatorische Vorgaben und auch IT Compliance Standards, die im outsourcenden Unter-nehmen Berücksichtigung finden, werden mit Hilfe von Verträgen und Service Level Agree-ments (SLAs) auf den IT-Service-Dienstleister übertragen, beziehungsweise von diesem ein-gefordert (Heym/Seeburg 2012).

Ein Vertrag besteht aus mindestens zwei inhaltlich übereinstimmenden Willenserklärungen, die aufeinander Bezug nehmen (Brox/Walker 2013). Diese werden mit Angebot und Annahme rechtskräftig (Brox/Walker 2013). Speziell ein Outsourcing-Vertrag unterteilt sich in Rahmenvertrag und die nachrangigen Leistungsverträge (Heym/Seeburg 2012). Ein Bestandteil der Leistungsverträge sind Service Level Agreements (Lee 1996, Goo et al. 2008). In diesen wird definiert, wie der ausgelagerte Service durchzuführen ist und welche Maßnahmen bei Nichtverfügbarkeit des Services seitens des Providers vorzunehmen sind. Hierbei ist eine Einigung über Leistungsgrad der jeweiligen Bestandteile des Services von Relevanz, als auch die Höhe möglicher Vertragsstrafen (Definition siehe §§ 339 ff BGB) bei Nichteinhaltung dieser (Karyda et al. 2006, Cox et al. 2011). Lee empfiehlt außerdem, dass bei der praktischen Anwendung die SLAs möglichst detailgenau sind, sodass auch eventuelle Umstandsänderungen und neue Geschäftsanforderungen schon mit einbezogen werden (Lee 1996, Goo et al. 2009). Dies erspart den zwei Parteien mögliche Konflikte. Auch der Ablauf von gemeinsamen Entscheidungsprozessen und Konfliktmanagement können durch SLAs definiert werden (Goo et al. 2009).

Die Definitionen werden in den SLAs in Service Level Clauses (SLCs) festgeschrieben. Diese enthalten: 1. den bereitgestellten Service, 2. die Aufgaben des Kunden, 3. die Bezahlung für den geleisteten Dienst, 4. das Leistungsgradziel, 5. die Berechnung von Bonus oder Vertragsstrafe (Beaumont 2006, Goo et al. 2009). Der bereitgestellte Service ist eine Beschreibung, die durch Attribute des Services erfolgt, beispielsweise die Verfügbarkeit, die Erreichbarkeit, Zeitvorschriften, Leistung, Kapazität und Sicherheit (Beaumont 2006). Diese können mit Hilfe der Key-Performance-Indikatoren (KPIs) gemessen werden (Heym/Seeburg 2012). KPIs sind Leistungskennzahlen für die numerische Darstellung von beispielsweise der Verfügbarkeit eines bestimmten Services (Beulen/Ribbers 2003). Diese werden unter Punkt vier der Leistungsgradziele vermerkt. Die Aufgaben des Kunden sind beispielsweise die Bereitstellung von Daten, welche relevant für die Ausführung des Dienstes sind. Die Zahlungsvereinbarungen werden ebenfalls mit den SLCs festgehalten (Beaumont 2006). Die Berechnung oder Festsetzung für die Konventionalstrafe erfolgt im Punkt 5, in welchem möglicherweise auch der Bonusfall eingetragen wird. Durch die detailgenaue Erfassung sämtlicher Absprachen sind SLAs höchst relevant für das Organisieren einer Outsourcing Partnerschaft (Goo et al. 2008, Meydanoglu 2008).

Der Rahmenvertrag als Hauptbestandteil des Outsourcing Vertrags beinhaltet hingegen die verpflichtenden IT-Compliance Anforderungen, welche in der Verantwortung des Outsourcenden Unternehmens liegen (Heym/Seeburg 2012). Hierbei unterteilen Chen und Bahadraj Vertragsbestandteile in vier Kategorien (Chen/Bahadraj 2009):

1. Monitoring Provisions

2. Dispute Resolution

3. Property Rights

4. Contingency Provisions

„Monitoring", zu deutsch Beobachtungsprozess beziehungsweise Überprüfung, erörtert wie Audits (Prüfungen) erfolgen, in welchem Umfang diese durchgeführt werden und wer diese durchführt. Dies kann in diesem Fall ein externer Wirtschaftsprüfer sein oder auch eine Person der internen Revision, entweder des Outsourcenden Unternehmens oder des Service Providers. Dispute Resolution beinhaltet sämtliche Konfliktmanagementabsprachen. Hierbei wird der Rahmen von Vertragsstrafen geschaffen. In Bezug auf den Datentransfer müssen Eigentümerfragen geklärt werden, welche unter die Kategorie Property Rights fallen. Geänderte Rahmenbedingungen der Compliance des Outsourcenden Unternehmens, die sich ergeben bedingen auch Vertragsänderungen, welchen mit Contingency Provisions Rechnung getragen werden muss.

Doch Verträge haben darüber hinaus auch noch ein psychologischen Charakter (Koh et al. 2004, Qi/Chau 2012). Dieser zeigt sich hinsichtlich des Vertrauens, welches für Outsourcing-Partnerschaften von Nutzen sein kann (Huber et al. 2013). In diesem Zusammenhang spricht man von „Relational Governance", dieses beschreibt die interorganisationale Steuerung und deren soziale Einbettung (Poppo/Zenger 2002). Governance ist hierbei das englische Wort für Organisation beziehungsweise Führung. Relational steht im Kontext für Beziehung. In der wissenschaftlichen Literatur wird hierbei diskutiert, in wieweit Relational Governance als Komplement oder Substitut für Contractual Governance verwendet wird (Cao et al. 2013, Goo et al. 2009, Huber et al. 2013, Poppo/Zenger 2002) wobei „Contractual Governance" sich auf die interorganisationale Steuerung mit Hilfe des Vertrags bezieht (Rai et al. 2012). Nach der Vertragsgestaltung erfolgt schließlich die Umsetzung des Vertrags, hierbei sollen SLAs und Vertragsdetails von den Mitarbeitern intern in dem jeweiligen Unternehmen umgesetzt werden.

3.4 Unternehmensinterne Regelwerke

Die Umsetzung von SLAs und Vertragsdetails erfolgt mit Hilfe von unternehmensinternen Regelwerken, die somit die jeweilige Ausarbeitung des Vertrags darstellen und in Form von konkreten Handlungsanweisungen umgesetzt werden. Hierbei gibt der Name schon vor, dass sich die Richtlinien nur auf das jeweilige Unternehmen, in welchem sie angewandt werden, beziehen und relevant für die spezifischen Beschäftigten sind (Klotz/Dorn 2008). Diese internen Richtlinien, Verfahrensanweisungen sind im Hinblick auf das IT-Outsourcing ebenfalls anzuwenden. Beispielsweise hinsichtlich der im Zusammenhang mit den SLAs genannten Verfügbarkeit, welche die Mitarbeiter einhalten müssen (Beaumont 2006, Bi 2007). Jedoch sind Outsourcing Verträge und deren Umsetzung nie risikofrei (Mohapatra/Das 2013), wie schon durch das Relational Governance Prinzip impliziert ist. Einerseits verschiedene Stakeholder, sowie andererseits verschiedene Prozesse bergen Risiken und Konfliktpotential für das auslagernde Unternehmen.

4 Risikobetrachtung

IT-Outsourcing-Risiken werden im Folgenden analysiert und dargestellt. Hierbei werden die Risiken aus der Sichtweise des auslagernden Unternehmens dargestellt und hinterfragt. Die hierbei in der wissenschaftlichen Literatur genannten Risiken lassen sich wie folgt kategorisieren.

4.1 Risikoeinordnung im IT-Outsourcing

Ein Risiko im IT-Outsourcing stellt in diesem Zusammenhang die Wahrscheinlichkeit des Auftretens eines nicht gewollten Ereignisses in Verbindung mit dem Outsourcing dar, welches bei Nichtbeachtung zu einem Problem führen kann (Bahli/Rivard 2003, Verner et al. 2014). Der Unterschied zwischen Problem und Risiko besteht in der Wahrscheinlichkeitsbetrachtung des Risikos und des schon bestehenden, also tatsächlichen Problems. Wie in Tabelle 1 vermerkt, lassen sich die Risiken anhand der wissenschaftlichen Literatur in 9 Kategorien differenzieren. Die Klassifizierung kann anhand verschiedener Eigenschaften durchgeführt werden. In Tabelle 1 wurden die Risiken anhand von Stichwörtern gruppiert und anschließend unter einem Kategorienamen zusammengefasst. Die zweite Spalte beschreibt in welchem Prozessabschnitt die Risiken auftreten. Die Einteilung in Prozessabschnitte erfolgt hierzu analog zu Kapitel 2.2. Manche Risiken können während der gesamten Laufzeit des Outsourcing Vertrages auftreten und sind dementsprechend vermerkt. Die erste Risikokategorie, welche in fünf wissenschaftlichen Quellen umrissen wird, ist die Kategorie des Lock-in Effektes. Lock-in Effekt ist hierbei die Bezeichnung für die Situation, dass ein Kunde abhängig ist und eine Beziehung nicht auflösen kann, ohne größere Kosten oder Aufwand zu verursachen (Bahli/Rivard 2003). Hierbei wird bei Mohapatra und Das beispielweise von „Loss of internal control" gesprochen, also dem Verlust betrieblicher Steuerung (Mohapatra/Das 2013). Qin et al. bezeichnet das Risiko als „Excessive dependence on their vendors", womit die außerordentliche Abhängigkeit von den Verkäufern gemeint ist (Qin et al. 2012). Diese wird durch Burns noch deutlicher beschrieben, als das Risiko, dass der Service Provider Insolvenz anmeldet (Burns 2008). Das Vendor Failing Risk kann schließlich mit dem Risiko des Wissensverlustes zu existenziellen Problem für das Outsourcende Unternehmen werden. Der Vertrag als zweite Klasse beinhaltet auch das Compliance Risiko, das bedeutet sämtliche regulatorischen Vorgaben. Die Federal Reserve Bank of New York definiert das Risiko auf Banken bezogen, dass durch die vielen regulatorischen Änderungen das Risiko der Nicht-Compliance steigt. Dies liegt an den noch nicht abgedeckten Compliance Vorgaben im Vertrag (FED 1999). Der Standort, zum Beispiel im Sinne der Entfernung des Kunden zum Service Provider, stellt eine weitere Risikokategorie dar. Holmstrom et al. haben hierzu verschiedene Risiken analysiert, die im Offshoring durch Zeitunterschied und örtliche Distanz vorhanden sind. Beispielsweise das Fehlen eines Ansprechpartners auf Grund des Zeitunterschieds (Holmstrom et al. 2006). Kommunikationsschwierigkeiten sind ein Risiko, welches sich ebenfalls in der Kategorie der Standortrisiken wiederfindet. Hierbei sind Werte und Normen verschiedener Kulturen möglicherweise unterschiedlich und führen zu Problemen (Herath/Kishore 2009, Pujals 2005). Jedoch schon auf Organisationsebene kann eine unterschiedliche Unternehmenskultur ein Risiko darstellen (Rai et al. 2009). Auch die Änderung der politischen Lage und die Infrastruktur des Standortlandes, sind mögliche Risiken (Smith/McKeen 2004). Die Risikokategorie Standort beinhaltet Risiken, die während der gesamten Laufzeit des Outsourcing Vertrages entstehen können. Eine weitere Risikogruppe ist die Wissensrisiko- oder auch Skillsrisikogruppe. Hierbei handelt es sich vor allem um das Risiko, dass firmenspezifisches Wissen im Bereich der IT durch das Outsourcen des Services verlorengeht. Gonzalez et al. beschreiben dieses Risiko als „Loss of critical skills and competences" (Gonzalez et al. 2005). Dies bedeutet übersetzt, ein Verlust von kritischen Fähigkeiten und Kompetenzen. Das Risiko eines Wissensverlustes ist besonders eklatant im Zusammenhang mit einem möglichen Backsourcing, das bedeutet eigene Durchführung der Dienstleistung. Hier fehlt das nötige Know-How, den Service wieder selbst durchzuführen. Jedoch besteht auch ein Risiko in der Steuerung des Service Providers, falls notwendiges Wissen nicht vorhanden ist, sodass Entscheidungen, beziehungsweise Berichte des Service Provider, nicht verstanden werden (Gonzalez et al. 2005).

Risikokategorie	Prozessabschnitt	Wissenschaftliche Quelle
Lock-in Effekt (Abhängigkeit)	Gesamte Laufzeit	Bahli/Rivard 2003, Bi 2007, Burns 2008, Gonzalez et al. 2005, Mohapatra/Das 2013, Pujals 2005, Qin et al. 2012
Vertragsrisiken (Compliance)	Mögliche Terminierung	Bahli/Rivard 2003, Bi 2007, FED 1999, Gonzalez et al. 2005, Mohapatra/Das 2013, Pujals 2005, Qin et al. 2012
Standort Risiken (Zeit und Entfernung; kulturelle Schwierigkeiten)	Gesamte Laufzeit	Aundhe/Mathew 2009, FED 1999, Hahn et al. 2009, Holmstrom et al. 2006, Pujals 2005, Smith/McKeen 2004
Wissensrisiken (Skills)	Gesamte Laufzeit	Bi 2007, Gonzalez et al. 2005, Pujals 2005, Qin et al. 2012
Datensicherheitsrisiken	Übertragung	Aubert et al. 1996, FED 1999, Gonzalez et al. 2005
Reputationsrisiken	Durchführung	Bi 2007, FED 1999, Mohapatra/Das 2013
Strategierisiko	Umsetzung	Bi 2007, FED 1999, Mohapatra/Das 2013, Qin et al. 2012

Tabelle 1: Risikokategorisierung (eigene Darstellung)

Eine weitere Risikokategorie ist die Datensicherheit, welche besonders bei der Übertragung von personenbezogenen Daten relevant ist (Nassimbeni et al. 2012). Die Federal Reserve Bank of New York betont in diesem Zusammenhang besonders das Risiko der Verletzung des Datenschutzes oder den Missbrauch von Daten (FED 1999). Im Hinblick auf Finanzinstitute ist dies ein Risiko mit besonders großer Tragweite, da in diesem Fall auch finanzielle Informationen mit personenbezogenen Daten kombiniert sind. Mit der Outsourcing-Entscheidung hat sich das Unternehmen während der Durchführung auch dem Risiko des Reputationsverlustes ausgesetzt (Mohapatra/Das 2013). Dies ergibt sich einerseits aus dem Vertrauensvorschuss, den das auslagende Unternehmen im Gegensatz zum Service Provider besitzt und den sich der Dienstleister erst schaffen muss. Andererseits wird das Outsourcing in der Öffentlichkeit mit Stellenabbau verbunden, welches negativ wahrgenommen wird (Tate et al. 2009). Die letzte Risikokategorie stellt das Strategierisiko dar. Dieses Risiko besteht während der Umsetzung des Vertrages und besteht in der Unvereinbarkeit von der verfolgten Strategie des outsourcenden Unternehmens und der Outsourcing-Entscheidung (Bi 2007). Einzelne Risiken werden nun differenzierter dargestellt.

4.2 Darstellung relevanter Risiken

Wie in der Kategorisierung dargestellt, ist die Abhängigkeit des Outsourcenden Unternehmens von dem ausgewählten Service Provider ein einzukalkulierendes Risiko (Bi 2007, Burns 2008, Gonzalez et al. 2005, Mohapatra/Das 2013, Pujals 2005, Qin et al. 2012). Hier sind mehrere Aspekte relevant, die ebenfalls auch eigenständige Risikokategorien darstellen. Zunächst kann der Outsourcing-Vertrag bei Wahl eines falschen Service Providers zu ungenau sein (Herath/Kishore 2009). Einerseits fehlt dann in der Outsourcing-Beziehung Vertrauen und weiterhin werden Services meist nicht so beschrieben oder quantifiziert, wie das outsourcende Unternehmens sich die Umsetzung vorstellt (Gonzalez et al. 2005). Ein weiteres Kriterium für die Abhängigkeit des auslagernden Unternehmens ist das Know-How des Service Providers, welches dieser im Verlauf der Outsourcing Beziehung gewinnt oder möglicherweise auch durch die Übernahme von Personal des Kunden erworben hat (Gonzalez et al. 2005). Hierbei sieht man eine Überschneidung mit dem Wissensrisiko. Auch die technologischen Möglichkeiten und die Expertise des Service Providers müssen hinsichtlich des ausgelagerten Services beachtet werden. Wenn beispielsweise das outsourcende Unternehmen innerhalb des ausgelagerten Services an einer technologischen Neuheit teilhaben möchte, jedoch der Service Provider eine solche Investition nicht durchführt, zeigt sich hier wiederum das Risiko der Abhängigkeit (Ramachandran/Gopal 2010).

Bei den Standortrisiken ergeben sich Risiken hinsichtlich der Zusammenarbeit von outsourcendem Unternehmen und Service-Dienstleister. Diese Risiken lassen sich auf den Standort und somit die Kultur und die Normen des Standortlandes, beziehungsweise der Mitarbeiter des Service Providers zurückführen (siehe Abbildung 1). Im Falle des Offshorings ergibt sich beispielsweise ein Zeitzonenrisiko. Hierbei wird möglicherweise die Zusammenarbeit zwischen auslagernden Unternehmen und Offshore Service-Dienstleister durch unterschiedliche Zeitzonen erschwert (Holmstrom et al. 2006). Hinzu kommt die Entfernung der beiden Unternehmen, sodass Meetings oder vis-à-vis Treffen nur mit großer Vorlaufzeit und umständlich zustande kommen (Verner et al. 2014). Bei solchen Treffen, jedoch auch bei der sonstigen Kommunikation und der generellen Zusammenarbeit, besteht immer das Risiko kultureller Unterschiede, sodass Verständnisschwierigkeiten zu Problemen führen können (FED 1999, Holmstrom et al., Verner et al. 2014).

Kultur wird nach der Definition von Gregory et al. in zwei Komponenten unterteilt; die subjektive und die objektive Komponente (Gregory et al. 2009). Die subjektive Komponente von Kultur beschreibt hierbei die Wahrnehmung der menschengestalteten Umwelt, insbesondere

Regeln, Normen und Werte (Gregory et al. 2009). Dahingegen beinhaltet die objektive Komponente die politischen, religiösen und ökonomischen Systeme (Gregory et al. 2009). Zunächst sollen die länderspezifischen Unterschiede betrachtet werden. Angefangen bei den unterschiedlichen Rechtssystemen der Länder, stellt sich beispielsweise die Frage, welche Rechtsauffassung hinsichtlich des Vertrages bei den Unternehmen besteht und auf welches Recht man sich im Hinblick auf den Outsourcing-Vertrag einigt (Heym/Seeburg 2012). Weiterhin, auch bei möglichen juristischen Auseinandersetzungen, besteht das Risiko, dass sich der Service Provider auf lokales Recht beruft (Fan et al. 2012).

Die kulturelle Risiken beinhalten in der subjektiven Komponente unter anderem auch Sprachbarrieren (Beverakis et al. 2009). Ein deutsches Unternehmen, welches die IT-Abteilung nach Indien auslagert, muss hierbei auch die Geschäftssprache festlegen. Doch die offensichtliche Wahl der englischen Sprache erschwert die Kommunikation zwischen den Outsourcing Partnern, da es für viele Mitarbeiter nicht die Muttersprache ist (Davis et al. 2006). Andere Risiken, die der subjektiven Komponente zugeordnet werden können, sind beispielweise der Alltagsrhythmus, Sicherheitsempfinden bzw. Risikoempfinden oder das Verhältnis zu Behörden (Smith/McKeen 2004, Rai et al. 2009). Hierbei stellen Gregory et al. in einer Fallstudie dar, wie die Risikoaversion einer deutschen Bank indische IT-Dienstleister überrascht hat (Gregory et al. 2009). Risiken im Bereich der objektiven Kulturkomponente sind beispielsweise Netzstabilität oder politische Stabilität (Davis et al. 2006). Hierbei bestehen Risiken durch bewaffnete Konflikte, Terrorismus oder auch Auseinandersetzungen der Dienstleister mit der Regierung, welche zu Produktionsausfällen führen können (Smith/McKeen 2004). Kulturelle Risiken sind jedoch auch auf Unternehmensebene vorhanden, unterschiedliche Unternehmenskulturen können also unabhängig vom Standort auftreten (Hahn et al. 2009). Dies sind zum Beispiel die Handhabung von Deadlines, Qualitätsstandards oder Überstunden, die von Unternehmen zu Unternehmen variieren (Davis et al. 2006).

Diese Unternehmenskultur ergibt sich zu einem Teil aus Arbeitsvorgaben, wird aber beispielsweise auch in SLAs festgelegt. SLAs sind im Falle von Service Dienstleistern, Bestandteil des Outsourcingvertrags. Der Prozess der Vertragsgestaltung und der Vertrag an sich beinhalten ebenfalls verschiedene Risiken. Einerseits die Unvollständigkeit des Vertrages, welche juristische Streitigkeiten zwischen den Vertragspartnern nach sich ziehen können (Qin et al. 2012). Andererseits kommt hinzu, dass sich durch den Wandel von regulatorischen Vorgaben die Anforderungen bezüglich IT-Compliance an das auslagernden Unternehmen verändern (Willcocks et al. 1999). Somit besteht auch hier ein Risiko für das outsourcende Unternehmen, welches eine Compliance seiner ausgelagerten Prozesse ebenfalls sicherstellen muss.

Weiterhin bezüglich der im Vertrag erwähnten Aktivitäten stellt „Shirking" - eine absichtliche schlechtere Leistung abliefern als vereinbart - ein weiteres Risiko dar (Osei-Bryson/Ngwenyama 2006). Gonzalez et al. beschreibt dieses Risiko als eine Nicht-Compliance des Service Providers mit dem Vertrag (Gonzalez et al. 2005), wobei der Service-Dienstleister in der Outsourcing Beziehung die Rolle des Agenten einnimmt und das outsourcende Unternehmen den Prinzipal.

Die Reputationsrisiken sind Risiken, die mit der öffentlichen Wahrnehmung des Unternehmens zusammenhängen. Insbesondere das Outsourcing ist in der öffentlichen Wahrnehmung negativ behaftet, auf Grund des damit in Verbindung gebrachten Stellenabbaus (Dahm 2012). Auch durch Ausfälle oder Qualitätsverlust des durch den Service Provider durchgeführten Services kann es zu Reputationsverlust kommen (Mohapatra/Das 2013). Besonders die Kunden des outsourcenden Unternehmens verlangen im Hinblick auf den Vertrauensvorschuss, den sie dem Unternehmen entgegenbringen keine unerwarteten Ergebnisse. Für sie ist ein Qualitätsverlust und mangelnde Kontinuität hinsichtlich der Durchführung bestimmter Services nicht hinnehmbar. Ein anderer Grund für Reputationsverlust kann eine mögliche Compliance Verletzung durch den Service Provider sein (Bi 2007).

Das Know-How oder auch Wissensrisiko, auf welches im Bereich Abhängigkeit schon eingegangen wurde, ist jedoch auch ein weiteres eigenes Risiko, welches der Betrachtung bedarf. Wissen kann auf verschiedene Arten verwendet werden, einerseits besitzen Mitarbeiter relevantes firmenspezifisches Wissen, welches bei der Ausübung von Prozessen wichtig ist. Oder aber Wissen ist niedergeschrieben worden und kann sich von anderen Mitarbeitern schnell angeeignet werden. Doch beide Arten von Wissen, also einerseits die Dokumentation oder aber auch das Mitarbeiterwissen enthalten für das outsourcende Unternehmen Risiken. Zum Einen besteht das Risiko einer unvollständigen oder nicht vorhandenen Dokumentation. Das Mitarbeiterwissen ist im Falle eines Outsourcing Abkommens als solches abhängig von der Motivation der Mitarbeiter (Gregory et al. 2009). Hierbei ist die Angst oder der Ärger im Zusammenhang mit einem erwarteten Arbeitsplatzverlust ausschlaggebender Grund, dieses Wissen nicht zu teilen.

Bei tatsächlichem Wissensverlust ergibt sich ein weiteres Risiko. Es handelt sich hierbei um das Backsourcingrisiko, wobei das Backsourcing eine eigene Form des Sourcings darstellt (siehe Abbildung 1), jedoch in starkem Zusammenhang mit IT-Outsourcing steht. Es handelt sich hierbei um ein Risiko, welches auftritt, wenn ein Service-Dienstleister insolvent wird und das auslagernde Unternehmen den Service beziehungsweise die IT wieder selbst durchführen muss oder möchte (Benaroch et al. 2010). Hierbei ist nicht nur Wissen im Hinblick auf die Durchführung des Services relevant, sondern auch Wissen im Hinblick auf die Rückführung und Überführung der Informationstechnologie in das eigene Unternehmen. Die bereits erläuterten Risiken im Blick, stellen sich somit noch einige weitere Wagnisse, die beim Risikomanagement bzw. Wissensmanagement beachtet werden müssen. Einerseits ist dies der Wissenserhalt im auslagernden Unternehmen und andererseits der Wissenserwerb beim Prozess des Outsourcens. Der Wissenserwerb im Outsourcing Prozess ist Bestandteil der Steuerung des Service Providers. Das Backsourcingrisiko impliziert weiterhin das generelle Ausfallrisiko des Service-Dienstleisters (Mohapatra/Das 2013).

Dies ist mit der Steuerung des Service Providers verbunden und trägt ebenfalls Anteil am Wissensrisiko, da ein Verständnis der Prozesse und Abläufe benötigt wird, um mit dem Service-Dienstleister zu interagieren (Urbach/Würtz 2012). Unter anderem ist dies ein Grund für den Bedarf an firmenspezifischem beziehungsweise servicespezifischem Wissen (Gonzalez et al. 2005). Mit zunehmendem zeitlichem Abstand, aber auch mit dem Verlust von Mitarbeitern, die den Service durchgeführt haben, fehlt bei den beteiligten Mitarbeitern das Verständnis für die jeweiligen Prozesse. Auch relevante Berichte und Entscheidungen, die im Zusammenhang mit dem ausgelagerten Service getroffen und analysiert werden müssen, können nicht vollbracht werden. Zusätzlich wird bezogen auf Innovationen selten die Initiative durch den Service Provider ergriffen, da dieser meist gegebenen Anweisungen folgt (Gonzalez et al. 2005). Daraus ergibt sich der Bedarf nach fachlich ausformulierten Anweisungen, die natürlich nur von einem Mitarbeiter mit dem nötigen Fachwissen verfasst werden können. Die Steuerung des IT-Service-Dienstleisters

Zuletzt stellen die Datensicherheitsrisiken in allen Formen des Sourcings Risiken für Nutzer von Informationstechnologie dar (Sobinska/Rot 2013, Nassimbeni et al. 2012). Dies wird durch aktuelle Medienberichte wie Heartbleed im April 2014 oder die NSA Affäre im Juni 2013 deutlich gezeigt. Hierbei wurden relevante Daten durch Sicherheitslücken an andere Personengrupppen oder die Öffentlichkeit weitergegeben. Im Falle von IT-Outsourcing wird die Sicherheit der Daten durch den Outsourcing Vertrag und die regulatorischen Vorgaben geregelt (Heym/Seeburg 2012). Besonders das schon genannte Bundesdatenschutzgesetz beinhaltet hierbei den Umgang mit personenbezogenen Daten (BDSG). In anderen Ländern treten möglicherweise Datenschutzrisiken auf Grund von schwächeren Datenschutzstandards auf. Auch eine Case Study von Berghmans und van Roy bestätigt das Datensicherheit in Outsourcing Verträgen immer noch vernachlässigt wird (Berghmans/van Roy 2011). Diese haben eine Outsourcing Partnerschaft untersucht, welche durch gegenseitiges Vertrauen geprägt ist.

Dies mag einer der Gründe sein, dass es in jener Partnerschaft jedoch eindeutige outsourcerseitige, nicht vertraglich geregelte Sicherheitslücken gab. Es handelte sich hierbei unter anderem um die Passwortvergabe, die für einen Administratoraccount nicht stattfand. Dadurch gab es ungeschützten Zugriff auf die Datenbank. Eine weitere Sicherheitslücke, die im Zusammenhang mit Outsourcing entstehen kann, ist die Programmierung von Software beim Service Provider. Fehlende Kontrollen beispielsweise des Quellcodes von Software vor der Inbetriebnahme, können zu absichtlichem Datenverlust („Data Phishing") und oder unabsichtlichem Datenverlust („Data Leakage") führen (Bose/Leung 2007). Diesem Risiko könnte mit einem Quellcode Review begegnet werden, sodass Schwachstellen ausgeschlossen werden können. Dies impliziert jedoch wiederum ein Wissenserhalt im auslagernden Unternehmen oder zusätzliche Kosten durch Inanspruchnahme eines Sachverständigen.

Die Betrachtung der einzelnen Risiken zeigt auf, dass für die Unternehmen Handlungsbedarf besteht. Wie dies umgesetzt werden kann, folgt nun mit Hilfe einer Analyse hinsichtlich der Möglichkeiten der Risikominimierung.

5 Risikominimierung

In diesem Kapitel wird anhand der im vorherigen Abschnitt dargestellten Risiken erläutert, wie diese minimiert werden können. Anschließend daran wird gezeigt welche Verfahren dabei Nutzenbringend für das Outsourcende Unternehmen sind.

5.1 Risikominimierungskonzepte

Risiken zu minimieren bedeutet, die Wahrscheinlichkeit für das Eintreffen bestimmter Ereignisse zu senken (Chou/Chou 2009). Für solche Konzepte und Analysen ist das Risikomanagement des Unternehmens verantwortlich (Meydanoglu 2008, MaRisk AT 9.7). Das Überwachen von Risiken ist ebenfalls gesetzlich festgelegt, ein Risikofrühwarnsystem muss laut §91 Abs. 2 AktG vom Vorstand veranlasst werden (§91 Abs. 2 AktG). Der Grund für die Vermeidung von Risiken sind einerseits mögliche Kosten. Andererseits hat auch der Staat ein Interesse an der Minimierung makroökonomischer Risiken. Dies trifft besonders auf die Bankenregulierung zu, welche solche Gefährdungen zu vermeiden sucht, wie beispielsweise die Finanzkrise 2007/2008. Zwei große Themenfelder werden in der wissenschaftlichen Literatur hinsichtlich Risikominimierung diskutiert, zum Einen IT-Compliance Standards und Prüfstandards und zum anderen die Mittel und Möglichkeiten der Vertragsgestaltung (Chou/Chou 2009, Bahli/Rivard 2003, Meydanoglu 2008, Osei-Brason/Ngwenyama 2006). Im Sinne der

Vertragsgestaltung sind auch SLAs eine Art der Risikominimierung. Im Folgenden werden spezifische Maßnahmen für die bereits dargestellten Risiken aufgezeigt.

5.2 Spezifische Risikominimierung

Das Abhängigkeitsrisiko oder auch Lock-in Risiko kann mit Hilfe der Vertragsgestaltung minimiert werden (Bahli/Rivard 2003). Hierbei ist das Dual Sourcing, Verteilung des Outsourcings auf zwei Service-Dienstleister, eine Möglichkeit die Abhängigkeit zu reduzieren und weiterhin auch das Ausfallrisiko des Service Providers einzuschränken (Bahli/Rivard 2003, Lee et al. 2012). Eine weitere Möglichkeit der Vertragsgestaltung ist das sogenannte sequential contracting, welches einen auf kurze Zeit befristeten Vertrag darstellt, der wiederholt mit notwendigen Änderungen angewandt wird (Harris et al. 1998). Dies verringert das Abhängigkeitsrisiko als auch das Vertragsrisiko, da somit beide beteiligten Parteien die jeweils notwendige Änderungen nachverhandeln können (Bahli/Rivard 2003). Hierbei ist Vertrauen generell in der Outsourcing Partnerschaft relevant, unter anderem auch für die Minimierung der Vertragsrisiken, da in diesem Fall die Unvollständigkeit des Vertrags durch contract flexibility nur teilweise abgedeckt werden kann (Bahli/Rivard 2003). Das Vertrauen, also die Überzeugung von den guten Absichten der Mitarbeiter des einen Unternehmens von den Mitarbeitern des anderen Unternehmens ist jedoch ein Prozess, der Zeit benötigt (Gregory et al. 2009). Dieser Vorgang kann durch vertrauensbildende Aktivitäten wie Austausch von Mitarbeitern und häufige Face-to-Face Meetings beschleunigt werden (Verner et al. 2014, Dahm 2008).

Eine weitere Möglichkeit Vertragsrisiken zu minimieren ist die Anwendung von IT-Compliance Standards und damit einhergehend das Einführen beziehungsweise das Etablieren von „security controls" (Halliday et al. 1996, Pujals 2005). Diese sind festgelegte Möglichkeiten zur Überprüfung von Prozessen im Unternehmen. Deren Intention, auch Sicherheitskontrollziel genannt, wird im Hinblick auf eine Minimierung der Risiken, im Kontext von einem ISAE 3402 oder einem IDW PS 951 Bericht, durch einen Wirtschaftsprüfer analysiert (ISAE 3402, IDW PS 951). Das Einführen solcher Kontrollen erfolgt beispielsweise mit Hilfe von COBIT anhand des Prozessreferenzmodells (ISACA 2012). Ein Beispiel hierzu ist APO10, das Managen von Lieferanten („Manage Suppliers"). Das Kontrollziel ist hierbei eine normative Aussage, im speziellen Fall: „Das Lieferantenrisiko wird beurteilt und ordnungsgemäß verfolgt" (ISACA 2012b).

Im Zusammenhang mit dem Risiko des nicht ordnungsgemäßen IT-Betriebs beim Service-Dienstleister kann in den Vertragsverhandlungen schon die Einräumung des Prüfrechts an das auslagernde Unternehmen vorgenommen werden (Bierstaker et al. 2013, Heym/Seeburg

2012). Die Nutzung des Prüfrechts erfolgt entweder durch einen externen Auditor oder durch die Interne Revision des auslagernden Unternehmens (Bachlechner et al. 2014). Die Prüfung besteht aus einer Analyse festgelegter Controls, welche anhand von COBIT Kontrollzielen erfolgen kann (Leem/Lee 2004). Diese sind Bestandteil des COBIT Prozessreferenzmodells (Abbildung 2). Außerdem werden KPIs zur Quantifizierung von Servicebestandteilen verwendet. Mit Hilfe derer beispielsweise die risikobezogenen Ereignisse, die zu IT-Servicestörungen führen, gemessen werden können (ISACA 2012b). Die durch den Kunden, also das auslagernde Unternehmen, gewünschten KPIs sind in den SLAs festgelegt (Meydanoglu 2008). Ein Abgleich des Ist-Soll-Zustands der KPIs als Bestandteil der SLA erfolgt durch das KPI-Controlling (Goo et al. 2009). Anschließend werden Probleme und von der Norm abweichende Werte mittels SLA-Reporting erfasst. Weiterhin kann das Interne Kontrollsystem des Service Providers mit Hilfe von ISAE 3402 oder IDW PS 951 Berichten geprüft werden (Heym/Seeburg 2012, ISAE 3402, IDW PS 951). Mittels dieser Maßnahmen werden entweder Risiken frühzeitig bemerkt oder entstandene finanzielle Schäden durch Vertragsstrafen verringert.

Das im Rahmen einer IT-Outsourcingvertragsbeziehung häufig vorkommende Offshoring beinhaltet, wie bereits erläutert, viele Standortrisiken. Die Minimierung derselbigen bedarf unterschiedlicher Maßnahmen. In Bezug auf Kulturunterschiede sind, wie bei den Vertragsrisiken auch der Aufbau einer Vertrauensbeziehung, die sich beispielsweise durch persönliche Kontakte bilden kann, ein Minimierungstool selbiger Risiken (Gregory et al. 2009, Hahn et al. 2009, Rai et al. 2009). Hierbei ist besonders Kommunikation relevant, insbesondere persönliche Treffen haben große Wirkung, da die Mitarbeiter so ein persönliches Verhältnis aufbauen können (Brooks 2006). Außerdem ist häufig schon das aktive Auseinandersetzen mit der unbekannten Kultur eine Möglichkeit, Problemen vorzubeugen (Verner et al. 2014). Dies zeigt sich beispielsweise im Lernen der fremden Sprache oder auch im Besuch eines kulturellen Seminars (Verner et al. 2014). Bei der Providerauswahl kann das auslagernde Unternehmen beispielsweise Erfahrung des IT-Providers mit anderen kulturell ähnlichen Unternehmen oder aber die kulturelle Nähe des Dienstleisters als Entscheidungskriterium verwenden (Verner et al. 2014). Wenn man das Risiko bewusst eingeht, gibt es zum Überwinden beispielsweise die Möglichkeit, bevorzugt geschriebene Kommunikation zu verwenden, oder Mitarbeiter, welche international geprägt sind, mit der Steuerung und Kommunikation des Providers zu betrauen (Holmstrom et al. 2006). Die Zeitlichen Standort Risiken können häufig behoben werden, indem feste Zeiträume vereinbart werden und andernfalls helfen auch hier persönliche Kontakte, die eine informelle Absprache beziehungsweise eine variablere Kontaktaufnahme ermöglichen (Brooks 2006). Weitere Risikominderungen werden durch Holmstrom et al. im Zusammenhang mit „Case Studies" beschrieben: HP und Fidelity haben hierbei Konzepte wie „follow-the-sun" für das Entwickeln von Software angewandt, dabei wird die Arbeit vom zeitlich früher beginnenden Mitarbeiter angefangen und schließlich durch den zeitlich später beginnenden Arbeiter weiter betrieben (Holmstrom et al. 2006). Die Korrelation zwischen politisch instabilen Ländern und niedrigen Lohnkosten ist sehr hoch, sodass das Unternehmen auch an dieser Stelle Risiken minimieren muss (Davis et al. 2006). Ein wichtiges Tool ist hierbei wieder das von Bahli und Rivard beschriebene „Dual Sourcing" (Bahli/Rivard 2003). Jedoch mit dem Zusatz Sourcing in verschiedenen Regionen oder auch Ländern zu betreiben. So kann bei Krisen oder Konflikten das Sourcing auch von einem der IT-Dienstleister komplett übernommen werden.

Besonders im Zusammenhang mit Offshoring ist das Reputationsrisiko für das auslagernde Unternehmen hoch, da dies häufig mit einer Stellenauslagerung ins Ausland oder eine Verschlechterung der Arbeitsbedingungen durch die Öffentlichkeit gleichgesetzt wird (Flecker 2009, Tate et al. 2009, Gandhi et al. 2012). Das Risiko lässt sich jedoch auch mit öffentlichen Kampagnen und Sozialplänen für einen Stellenabbau nicht stark reduzieren (Tate et al. 2009). Dies hängt auch damit zusammen, dass Auslagerung häufig schon auf persönlicher Ebene die Reputation des verantwortlichen Managers vermindert (Gewald/Dibbern 2009). Ein weiterer Aspekt des Reputationsverlustes hängt mit schlechter Qualität oder Datenverlust durch den IT-Dienstleister zusammen (Nassimbeni 2011). Dies kann durch klare Anweisungen im Sinne von SLAs verhindert werden, aber auch durch Kontrollen von externen Spezialisten und Anwendung von IT-Compliance-Standards (Meydanoglu 2008).

Wissensrisiken - auch „Deskilling" genannt - resultieren aus einer Spezialistenabwanderung bzw. Stellenabbau (Herath/Kishore 2009). Für ein mögliches Backsourcing, aber auch für die Steuerung des IT-Dienstleisters fehlt relevantes Wissen (Davis et al. 2006). Diesem Risiko kann man mit einer guten Jobperspektive für betroffene Mitarbeiter begegnen und hierbei beispielsweise auch Verantwortlichkeiten im Bereich Dienstleistersteuerung übertragen. Für Weiterbildungszwecke, aber auch für den bereits beschriebenen Vertrauensaufbau können bereits im Outsourcingvertrag zum Beispiel Hospitationen vereinbart werden. Dies wird auch als „mutual hostaging" bezeichnet, dies ist eine Form des gegenseitigen Wissensaustauschs zu dem sich beide Vertragspartner verpflichten (Bahli/Rivard 2003). Außerdem helfen beispielsweise auch detaillierte Berichte durch den IT-Dienstleister auf Basis von IT-Compliance-Standards, da somit ein geregelter Informationsaustausch stattfindet (Lee et al. 2012). Hinsichtlich Innovationen benötigt der Service Provider Motivation zur Durchführung, dies ist möglich durch vertraglich vereinbarte Bonuszahlungen bei Kosteneinsparungen oder Qualitätsverbesserung (Beaumont 2006). Hahn et al. beschreiben außerdem noch ein Wissensrisiko im Hinblick auf das Offshoring Land, wobei angenommen wird, dass in diesem Fall erst ein Lernprozess stattfinden muss, um die vorher genannten Standortrisiken richtig einschätzen zu können (Hahn et al. 2009).

Im Falle von Datensicherheitsrisiken müssen Unternehmen vielen gesetzlichen Regeln Folge leisten. Beispielsweise wurde der Einsatz von Datenschutzbeauftragten in Unternehmen durch den Staat verpflichtend eingeführt, um solcherlei Risiken zu minimieren (§4 BDSG). Auch die Implementierung von IT-Compliance Standards, welche regelmäßige Kontrollen auch im Bereich der Datensicherheit vorschreibt, trägt zur Minimierung der Risiken bei. Doch sind diese generellen Implikationen des Datenschutzes besonders relevant im Bereich IT-Outsourcing. Hierbei ist vor allem das Berechtigungsmangement relevant, also die Frage wer auf welche Daten zugreifen darf und natürlich welche Daten überhaupt an den Dienstleister weitergegeben werden dürfen (Nassimbeni et al. 2012). Einschränkungen hierbei sind im Bundesdatenschutzgesetz geregelt. Somit dienen diese regulatorischen Maßnahmen vor allem der Risikominimierung.

Das grundsätzliche Risiko durch das IT-Outsourcing ist ersichtlich als Insolvenz des IT-Dienstleisters (Mohapatra/Das 2013). Eine Risikominimierungsstrategie hierfür ist wiederum das Dual Sourcing, als auch Vertrauen, persönliche Kontakte und die Implementierung von IT-Compliance-Standards, sodass auf erfolgte Warnungen rechtzeitig durch das Management des auslagernden Unternehmens reagiert wird (Bahli/Rivard 2003).

Es stellt sich nun noch die Frage, wie Unternehmen diese Risikominimierungskonzepte erfolgreich anwenden können, um somit einen Nutzen zu generieren.

5.3   Nutzenbetrachtung

Nutzen als solcher sei für die nachfolgende Betrachtung als Zustandsbewertung definiert. Hierbei werden Vorteile und Nachteile gegeneinander abgewogen. Das Ziel dieser Betrachtung ist es wirtschaftliche Verbesserungen zu erforschen, die es dem Unternehmen ermöglichen ein wirtschaftlich positives Ergebnis mit der Auslagerungsentscheidung zu erlangen.

Jede Auslagerungsentscheidung ist letztendlich dem Ziel der Gewinnmaximierung untergeordnet. Wie im Kapitel IT-Outsoucing erwähnt, ist dieses Ziel unterteilt auf die Teilziele Kostenreduktion, Qualitätsverbesserung und die Konzentration auf Kernkompetenzen. Um diese Ziele zu erreichen, bedarf es unter anderem auch der IT-Compliance. Zunächst werden die

Bestandteile der IT-Compliance anhand ihres Nutzens analysiert, um dann auf den Nutzen spezifischer Risikominimierungskonzepte einzugehen. Grundsätzlich wird IT-Compliance als zusätzlicher Aufwand wahrgenommen. Diese hilft jedoch letztlich Risiken zu minimieren und somit mögliche Kosten zu vermeiden, wobei eine höhere Komplexität nicht zu vermeiden ist (Mossanen/Amberg 2008). Um diese Komplexität möglichst frühzeitig zu strukturieren, ist es nötig IT-Compliance als Kriterium bei der Auslagerungsentscheidung zu verwenden (Mossanen/Amberg 2008). In diesem Zusammenhang sind regulatorische Vorgaben einer der Bestandteile der IT-Compliance (Klotz/Dorn 2008, Strasser/Wittek 2011). Da sich durch viele regulatorische Vorgaben die Komplexität erhöht, steigen ebenfalls die Kosten (Gandhi et al. 2012). Dies kann vor allem das Ziel der Kostenreduktion des IT-Outsourcings beeinträchtigen, da möglicherweise auch nach Abschluss des Outsourcingvertrages Änderungen der lokalen Gesetze IT-Outsourcing betreffend erfolgen können (Harris et al. 1998). Steigende Kosten sind zunächst für das Unternehmen eine negative Auswirkung, dennoch sind regulatorischen Vorgaben mit der Intention ausgearbeitet worden einen Schutz des auslagernden Unternehmens sowie dessen Kunden vor Risiken zu gewährleisten (Böhm 2008).

Ein weiterer Bestandteil der IT-Outsourcing-Compliance sind IT-Compliance-Standards. Mit deren Implementierung besitzt das auslagernde Unternehmen Best-Practice Anwendungen hinsichtlich der Durchführung und Implementierung von IT-Compliance (Stawinski/Stawinski 2011). Die bei der Anschaffung anfallenden Kosten und zusätzliche Lernkosten für IT-Compliance-Standards sind Anfangsinvestitionen, die sich jedoch mit der Anwendung der selbigen kostensparend und effektiv auf die Kontrolle und Organisation von Outsourcingpartnerschaften auswirkt (Spremic et al. 2013, Wang et al. 2008). Verträge, SLAs und unternehmensinternen Regelwerke als letzter Bestandteil der IT-Compliance leiten sich aus den regulativen Vorgaben und weiterhin aus den IT-Compliance-Standards ab und sind an diese angelehnt (Klotz/Dorn 2008, Strasser/Wittek 2011). Mit der Vertragssteuerung werden regulative Vorgaben im Outsourcing festgehalten um schließlich mit Hilfe von SLAs und unternehmensinternen Regelwerken umgesetzt zu werden. Beispielsweise ermöglicht die Steuerung des Outsourcingvertrags durch präzise SLAs dem auslagernden Unternehmen die genaue Beschreibung der ausgelagerten Leistung und somit die Kontrolle über die Durchführung dieser Leistung (Meydanoglu 2008).

Jedoch beinhalten Verträge, SLAs und unternehmensinterne Regelwerke Risiken, deren Minimierung im vorherigen Abschnitt beschrieben wurde. Spezifische Risikominimierungskonzepte wie zum Beispiel das Dual-Sourcing oder das sequential contracting sind hinsichtlich des höheren Aufwandes der Steuerung kostenintensiv (Bahli/Rivard 2003). Jedoch vermeidet das Unternehmen im späteren Verlauf höhere Kosten, welche bei möglichen Problemen auftauchen. Durch Wissenserhalt und Zugewinn im IT-Outsourcing kann die Steuerung effektiv durchgeführt werden. Außerdem bleiben mögliche Aufwände im Zusammenhang von Anbieterwechsel ebenfalls geringer (Wang et al. 2008). Außerdem bleiben durch die Konkurrenzsituation die Preise der Service-Dienstleister im Vergleich zu dem Fall, dass nur an einen Provider ausgelagert wird (Single-Sourcing) niedriger (Bahli/Rivard 2003).

Der Aufbau eines Vertrauensverhältnisses als Minimierungskonzept für Vertragsrisiken impliziert Reisekosten und möglicherweise Kosten für zusätzliche Meetings (Gregory et al. 2009, Rai et al. 2009). Doch der Nutzen, der mit dem Vertrauen und beispielsweise dem daraus abgeleiteten Kulturverständnis erwächst, kann bei allen Neuerungen sowie der gesamten Outsourcing Beziehung vorteilhaft sein (Alexandrova 2012, Hahn et al. 2009).

6   Fazit

Das Ziel dieser Arbeit ist es, die Zusammenhänge im Bereich IT-Outsourcing und IT-Compliance zu erläutern und zu analysieren. Hierbei spielen insbesondere die Frage, welche Risiken outsourcende Unternehmen eingehen, wie diese Risiken vermieden werden können und welcher Nutzengewinn daraus folgt, eine Rolle. Die dafür zunächst betrachteten Grundlagen beinhalteten das IT-Sourcing als Überbegriff für das IT-Outsourcing sowie die IT-Compliance mit ihren Teilaspekten. Hierbei wird die erste Forschungsfrage nach den Begriffen beantwortet. Danach folgt die Darstellung der für das Outsourcing relevanten regulatorischen Vorgaben, insbesondere wird hiermit die Grundlage für verschiedene Risikominimierungskonzepte gelegt. Auch andere Minimierungskonzepte im Sinne von der vierten Forschungsfrage werden dargestellt, wie beispielsweise das „double sourcing" oder Vertrauensbildende Aktivitäten. Schließlich zeigt die Nutzenbetrachtung, dass trotz einem erhöhten Kostenaufwand für die IT-Compliance und andere Minimierungskonzepte Risiken und somit andere Kosten vermieden werden können. Weiterhin ist zum Beispiel die Implementierung von IT-Compliance-Standards eine wirkungsvolle Hilfe bei der Kontrolle und Steuerung des Service-Dienstleisters. Die Ziele, die durch die Outsourcingstrategie verfolgt werden, wie Kostenreduzierung, die Konzentration auf Kernkompetenzen und die Verbesserung der Qualität des Services können durch die erfolgreiche Minimierung der Risiken erlangt werden. Die IT-Compliance leistet hier einen großen Beitrag, da sie als Risikominimierungskonzept häufig angewendet werden kann. Zusammenfassend ist es wichtig Risiken frühzeitig zu analysieren um somit für das Unternehmen einen positiven Nutzen aus dem IT-Outsourcing zu ziehen.

Möglichkeiten der weiteren Forschung liegen auf dem Gebiet der Vertragsgestaltung und damit einhergehende der Anreizgestaltung für den Service Provider. Auch das Kombinieren mehrerer Sourcing Konzepte zur Risikominimierung und dem wirtschaftlichen Nutzengewinn bleiben ein Themenfeld, welches hier nicht ausführlicher betrachtet wurde. Hierbei handelt es sich insbesondere um Cloud Sourcing in Zusammenhang mit Crowdsourcing. Auch die Zertifizierungsstandards und deren Reporting bieten Möglichkeiten der weiteren Forschung.

Literaturverzeichnis

Textquellen:

Abu-Musa AA (2011): Exploring Information Systems/Technology Outsourcing in Saudi Organizations: An Empirical Study. Journal of accounting, business & management 18: pp 17-73

Alexandrova M (2012): IT outsourcing partnerships: Empirical research on key success factors in Bulgarian organizations. Management: Journal of Contemporary Management Issues 17: pp 31–50

Ali S, Green P (2009): Effective information technology (IT) governance mechanisms: An IT outsourcing perspective. Information Systems Frontiers 14: pp 179–193

Aubert B, Rivard S, Patry M (1996): A transaction cost approach to outsourcing behavior: Some empirical evidence Information & Management 30: pp 51–64

Aundhe MD, Mathew SK (2009): Risks in offshore IT outsourcing: A service provider perspective. European Management Journal 27: pp 418–428

Bachlechner D, Thalmann S, Manhart M (2014): Auditing service providers: supporting auditors in cross-organizational settings. Managerial Auditing Journal 29: pp 286–303

BaFin (2014): Mitteilungen der Bundesanstalt für Finanzdienstleistungsaufsicht Januar www.bafin.de 22.08.2014

Bahli B, Rivard S (2003): The information technology outsourcing risk: a transaction cost and agency theory-based perspective. Journal of Information Technology 18: pp 211–221

Baker RK (2005): Offshore IT Outsourcing and the 8th Data Protection Principle - legal and regulatory requirements - with reference to Financial Services. International Journal of Law and Information Technology 14: pp 1–27

Beaumont N (2006): Service level agreements: an essential aspect of outsourcing. The Service Industries Journal 26: pp 381–395.

Benaroch M, Dai Q, Kauffman RJ (2010): Should We Go Our Own Way? Backsourcing Flexibility in IT Services Contracts. Journal of Management Information Systems 26: pp 317–358

Berghmans P, Van Roy K (2011): Information Security Risks in Enabling e-Government: The Impact of IT Vendors. Information Systems Management 28: pp 284–293

Bergkvist L, Johansson B (2007): Evaluating Motivational Factors Involved at Different Stages in an IS Outsourcing Decision Process. Electronic Journal of Information Systems Evaluation 10: pp 23-30

Beulen E, Ribbers P (2003): International examples of large-scale systems-theory and practice II: A case study of managing IT Outsourcing partnerships in asia. Communications of the Association for Information Systems 11: pp 357-376

Beverakis G, Dick GN, Cecez-Kecmanovi D (2009): Taking Information Systems Business Process Outsourcing Offshore: The Conflict of Competition and Risk. Journal of global information management 17: pp 32–48.

Bi L (2007): Managing the risks of IT outsourcing. Journal of Corporate Accounting & Finance 18: pp 65–69

Bierstaker J, Chen L, Christ MH, et al. (2013): Obtaining Assurance for Financial Statement Audits and Control Audits When Aspects of the Financial Reporting Process Are Outsourced. A Journal of Practice & Theory 32: pp 209–250

BITKOM (2006): Leitfaden Compliance in IT-Outsourcing-Projekten www.bitkom .org 22.08.2014

BITKOM (2008): Leitfaden Outsourcing Terminologie. www.bitkom.org 22.08.2014

Böhm M (2008): IT-Compliance als Triebkraft von Leistungssteigerung und Wertbeitrag der IT. HMD Praxis der Wirtschaftsinformatik 263: pp 15–29.

Bose I, Leung ACM (2007): Unveiling the mask of phishing: threats, preventive measures, and responsibilities. communications of the Association for Information Systems 19: pp 544-566

Brox H/Walker W-D (2013): Allgemeiner Teil des BGB, Verlag Franz Vahlen, 37. Auflage 2013

Brooks N (2006): Understanding IT Outsourcing and its potential effects on IT Workers and their environment. Journal of Computer Information Systems 46: pp 46-53

Burns B (2008): Offshoring: secure or open to the Offshoring security and control praying mantis? Strategic Outsourcing: An International Journal 1: pp 77–86

Cao L, Mohan K, Ramesh B, Sarkar S (2013): Evolution of Governance: Achieving Ambidexterity in IT Outsourcing. Journal of Management Information Systems 30: pp 115–140

Chang YB, Gurbaxani V (2012): Information Technology Outsourcing, Knowledge Transfer, and Firm Productivity: An Empirical Analysis. Management Information Systems Quarterly 36: pp 1043-1063

Chen Y, Bharadwaj A (2009): An Empirical Analysis of Contract Structures in IT Outsourcing. Information Systems Research 20: pp 484–506

Chou DC, Chou AY (2009): Information systems outsourcing life cycle and risks analysis. Computer Standards & Interfaces 31: pp 1036–1043

Cox M, Roberts M, Walton J (2011): IT Outsourcing in the Public Sector: Experiences Form Local Government. Electronic Journal of Information Systems Evaluation 14: pp 231-243

Dahm M (2012): Global-Sourcing-Szenarien in der Finanzwirtschaft. die bank 07: pp 54–59

Davis GB, Ein-Dor P, King WR, Torkzadeh R (2006): IT Offshoring: History, Prospects and Challenges. Journal cf the Association for Information Systems 7: pp 205-225

Dhar S (2012): From outsourcing to Cloud computing: evolution of IT services. Management Research Review 35: pp 664–675

Diesterer G (2009): Zertifizierung der IT nach ISO 20000. Wirtschaftsinformatik 6: pp 530-534

Fan Z-P, Suo W-L, Feng B (2012): Identifying risk factors of IT outsourcing using interdependent information: An extended DEMATEL method. Expert Systems with Applications 39: pp 3832–3840

FED New York (1999): Outsourcing Financial Services Activities: Industry Practices to Mitigate Risks. In: http://www.newyorkfed.org/banking/circulars/outsource 22.08.2014

Fitoussi D, Gurbaxani V (2012): IT Outsourcing Contracts and Performance Measurement. Information Systems Research 23: pp 129–143

Flecker J (2009): Outsourcing, Spatial Relocation and the Fragmentation of Employment. Competition & Change 13: pp 251–266

Gandhi SJ, Gorod A, Sauser B (2012): Prioritization of outsourcing risks from a systemic perspective. Strategic Outsourcing: An International Journal 5: pp 39–71

Gaskin F (2009): Goodbye SAS 70 Hello ISAE 3402. Accountancy Ireland 41/3: pp 28–31

Gewald H, Dibbern J (2009): Risks and benefits of business process outsourcing: A study of transaction services in the German banking industry. Information & Management 46: pp 249–257

Gonzalez R, Gasco J, Llopis J (2005): Information systems outsourcing risks: a study of large firms. Industrial Management & Data Systems 105: pp 45–62

Goo J, Huang CD, Hart P (2008): A Path to Successful IT Outsourcing: Interaction Between Service-Level Agreements and Commitment. Decision Sciences 39: pp 469–506

Goo J, Kishore R, Rao HR, Nam K (2009): The Role of Service Level Agreements in Relational Management of Information Technology Outsourcing: An Empirical Study. Management Information Systems Quarterly 33: pp 119-145

Götz B, Köhntopp F, Mayer B, Wagner G (2008): Einsatz einer ganzheitlichen GRC-Softwarelösung. HMD Praxis der Wirtschaftsinformatik 263: pp 89–98.

Gregory R, Prifling M, Beck R (2009): The role of cultural intelligence for the emergence of negotiated culture in IT offshore outsourcing projects. Information Technology & People 22: pp 223–241

Gurbaxani V (2007): Information systems outsourcing contracts: Theory and evidence. Managing in the Information Economy: pp 83–115

Hahn ED, Doh JP, Bunyaratavej K (2009): The evolution of risk in information systems offshoring: the impact of home country risk, firm learning, and competitive dynamics. Management Information Systems Quarterly 33: pp 597-616

Hall JA, Liedtka SL (2007): The Sarbanes-Oxley Act: implications for large-scale IT outsourcing. Communications of the ACM 50: pp 95–100.

Halliday S, Badenhorst K, Von Solms R (1996): A business approach to effective information technology risk analysis and management. Information Management & Computer Security 4: pp 19–31.

Han K, Mithas S (2013): Information technology outsourcing and non-IT operating costs: an empirical investigation. Management Information Systems Quarterly 37: pp 315-331

Hardy G (2006): Using IT governance and COBIT to deliver value with IT and respond to legal, regulatory and compliance challenges. Information Security Technical Report 11: pp 55–61

Harris A, Giunipero LC, Hult GTM (1998): Impact of organizational and contract flexibility on outsourcing contracts. Industrial Marketing Management 27: pp 373–384.

Herath T, Kishore R (2009): Offshore Outsourcing: Risks, Challenges, and Potential Solutions. Information Systems Management 26: pp 312–326

Heym M, Seeburg M (2012): Compliance im IT-Outsourcing. ZRFC pp 16–19.

Holmstrom H, Conchúir EÓ, Agerfalk PJ, Fitzgerald B (2006): Global software development challenges: A case study on temporal, geographical and socio-cultural distance. Global Software Engineering, 2006. ICGSE'06. International Conference on. IEEE, pp 3–11

Holweg M, Pil FK (2012): Outsourcing Complex Business Processes: lessons from an enterprise partnership. California Management Review 54: pp 98-115

Huber TL, Fischer TA, Dibbern J, Hirschheim R (2013): A Process Model of Complementarity and Substitution of Contractual and Relational Governance in IS Outsourcing. Journal of Management Information Systems 30: pp 81–114

ISACA (2012): Cobit 5: A business framework for the governance and management of enterprise IT., 1. Auflage. ISACA, Rolling Meadows. IL

ISACA (2012b): Cobit 5 Enabling Processes: A business framework for the governance and management of enterprise IT., 1. Auflage. ISACA, Rolling Meadows. IL

ISAE 3402: International Standard on Assurance Engagements effective after 2011

IDW PS 951: Die Prüfung des internen Kontrollsystems bei Dienstleistungsunternehmen Stand 16.10.2013

Janvrin DJ, Payne EA, Byrnes P, et al. (2012): The Updated COSO Internal Control—Integrated Framework: Recommendations and Opportunities for Future Research. Journal of Information Systems 26: pp 189–213

Jayatilaka B, Hirschheim R (2009): Changes in IT sourcing arrangements: An interpretive field study of technical and institutional influences. Strategic Outsourcing: An International Journal 2: pp 84–122

Karyda M, Mitrou E, Quirchmayr G (2006): A framework for outsourcing IS/IT security services. Information Management & Computer Security 14: pp 402–415

King WR, Torkzadeh G (2008): Information systems offshoring: Research status and issues. Management Information Systems Quarterly 32: pp 205–225.

Klotz M, Dorn D-W (2008): IT-Compliance – Begriff, Umfang und relevante Regelwerke. HMD Praxis der Wirtschaftsinformatik 263: pp 5–14.

Knolmayer GF (2007): Compliance-Nachweise bei Outsourcing von IT-Aufgaben. Wirtschaftsinformatik 49: pp 98-106

Koh C, Ang S, Straub DW (2004): IT Outsourcing Success: A Psychological Contract Perspective. Information Systems Research 15: pp 356–373

Lee CKM, Yeung YC, Hong Z (2012): An integrated framework for outsourcing risk management. Industrial Management & Data Systems 112: pp 541–558

Lee MK (1996): IT outsourcing contracts: practical issues for management. Industrial Management & Data Systems 96: pp 15–20.

Leem CS, Lee HJ (2004): Development of certification and audit processes of application service provider for IT outsourcing. Technovation 24: pp 63–71

MaRisk: Rundschreiben Mindestanforderungen an das Risikomanagement durch Bundesanstalt für Finanzdienstleistungsaufsicht
http://www.bafin.de/SharedDocs/Veroeffentlichungen/DE/Rundschreiben/rs_1210_marisk_ba.html 23.08.2014

Menzies C, Engelmayer B (2013): COSO als führendes Rahmenwerk für interne Kontrollsysteme. Kapitalmarktorientierte Rechnungslegung 9: pp 426–430.

Meydanoğlu ESB (2008): Steuerung der IT-Outsourcing Risiken durch SLAs. ERP Management 4: pp 32–35.

Mohapatra S, Das S (2013): Information Technology Outsourcing Risks in Banks: A Study of Perception in the Indian banking industry. Vilakshan: The XIMB Journal of Management 10: pp 61-72

Mossanen D-KK, Amberg M (2008): IT-Outsourcing & Compliance. HMD Praxis der Wirtschaftsinformatik 45: pp 58–68.

Müller G, Terzidis O (2008: IT-Compliance und IT-Governance. Wirtschaftsinformatik 50: pp 341–342.

Nassimbeni G, Sartor M, Dus D (2012): Security risks in service offshoring and outsourcing. Industrial Management & Data Systems 112: pp 405–440

Osei-Bryson K-M, Ngwenyama OK (2006): Managing risks in information systems outsourcing: An approach to analyzing outsourcing risks and structuring incentive contracts. European Journal of Operational Research 174: pp 245–264

Peslak AR (2012): Outsourcing and offshore outsourcing of information technology in major corporations. Management Research Review 35: pp 14–31

Poppo L, Zenger T (2002): Do formal contracts and relational governance function as substitutes or complements? Strategic Management Journal 23: pp 707–725

Pujals G (2005): Offshore outsourcing in the EU financial services industry. Revue de L'OFCE, July 2005, iss. 94, pp. 211-238

Qi C, Chau PYK (2012): Relationship, contract and IT outsourcing success: Evidence from two descriptive case studies. Decision Support Systems 53: pp 859–869

Qin L, Wu H, Zhang N, Li X (2012): Risk identification and conduction model for financial institution IT outsourcing in China. Information Technology and Management 13: pp 429–443

Rai A, Maruping LM, Venkatesh V (2009): Offshore information systems project success: the role of social embeddedness and cultural characteristics. Management Information Systems Quarterly 33: pp 617-641

Rai A, Keil M, Hornyak R, Wüllenweber K (2012): Hybrid Relational-Contractual Governance for Business Process Outsourcing. Journal of Management Information Systems 29: pp 213–256

Ramachandran V, Gopal A (2010): Managers' Judgments of Performance in IT Services Outsourcing. Journal of Management Information Systems 26: pp 181–218

Schäfer G, Strolz G, Hertweck D (2008): IT-Compliance im Mittelstand. HMD Praxis der Wirtschaftsinformatik 263: pp 69–77.

Sherinsky JM (2010): Replacing SAS 70. Journal of Accountancy: pp 32–36.

Smith HA, McKeen JD (2004): Developments in Practice XIV: IT Sourcing-How Far Can You Go? The Communications of the Association for Information Systems 13: pp 508-520

Sobińska M, Rot A (2013): It security risks in modern sourcing models–cloud computing. An example. Informatyka Ekonomiczna: pp 112–123.

Spremić M, Bajgorić N, Turulja L (2013): Implementation of IT Governance and business continuity management in transition economies: the case of banking sector in Croatia and Bosnia-Herzegovina. Ekonomska istraživanja 26: pp 183–202.

Stawinski M, Stawinski M (2011): Effizientes IT-Management in der Finanzdienstleistung: Wie Finanzdienstleister die Referenzmodelle ITIL, CMMI und CObIT sinnvoll einsetzen. IM : die Fachzeitschrift für Information Management und Consulting 26: pp 19–26.

Stemmer B (2010): Die drei großen Ds: Dienste, Drittanbieter – Datenschutz? Datenschutzrechtliche Probleme bei der Auslagerung von IT-Diensten durch Hochschulen. Praxis der Informationsverarbeitung und Kommunikation 33/3: pp 215-219

Strasser A, Wittek M (2011): IT-Compliance. Informatik-Spektrum 35: pp 39–44

Tackett JA, Wolf F (2012): The IT implications of COSO's new exposure draft. Journal of Corporate Accounting & Finance 23: pp 33–39

Tate WL, Ellram LM, Bals L, Hartmann E (2009): Offshore outsourcing of services: An evolutionary perspective. International Journal of Production Economics 120: pp 512–524

Teubner A, Feller T (2008): Informationstechnologie, Governance und Compliance. Wirtschaftsinformatik 50: pp 400–407

Urbach N, Würz T (2012): Effektives Steuern von IT-Outsourcingdienstleistern: Entwicklung und Überprüfung eines Referenzmodells für Steuerungsprozesse im IT-Outsourcing. Wirtschaftsinformatik 54: pp 237–250

Verner JM, Brereton OP, Kitchenham BA, et al. (2014): Risks and risk mitigation in global software development: A tertiary study. Information and Software Technology 56: pp 54–78

Wang L, Gwebu KL, Wang J, Zhu DX (2008): The aftermath of information technology outsourcing: An empirical study of firm performance following outsourcing decisions. Journal of Information Systems 22: pp 125–159.

Willcocks LP, Lacity MC, Kern T (1999): Risk mitigation in IT outsourcing strategy revisited: longitudinal case research at LISA. The Journal of Strategic Information Systems 8: pp 285–314.

Xi X, Xu Y, Todo H (2013): The Present Situation of IT Outsourcing and Countermeasure. Journal of Software Engineering and Applications 06: pp 426–430

Bildquellen:

Jouanne-Diedrich, H. (2014): Die ephorie.de IT-Sourcing-Map. ephorie.de – Das Management-Portalhttp://www.ephorie .de/it-sourcing-map.htm 22.08.2014

ISACA (2012): Cobit 5: A business framework for the governance and management of enterprise IT., 1. Auflage. ISACA, Rolling Meadows. IL

www.ingramcontent.com/pod-product-compliance
Lightning Source LLC
LaVergne TN
LVHW082349060326
832902LV00017B/2737